Jürgen Werth

*Du und ich –
zwei Menschen, ein Leben*

Die besten Wünsche zur Hochzeit

johannis

Vorwort

Ein Leben – nicht mehr zwei.
Und doch immer noch zwei Menschen.
Wie geht das zusammen?

Es geht. Es ist immer schon gegangen.
Wenn die Liebe da ist.
Wenn das Vertrauen wächst, die Vertrautheit.
Wenn Gott da ist.
Seine Freundlichkeit zu uns Menschen,
seine Bereitschaft, uns zu vergeben,
seine Lust, immer wieder neu anzufangen.

Ihr habt es gewagt.
Wagt es immer wieder!
Eure Liebe gibt der Welt Hoffnung.

Meine Familie, deine Familie

Es könnte alles so einfach sein, gäbe es nur »ihn«, nur »sie«. Doch da sind auch die, die ihr mitgebracht habt. Mama und Papa, der kleine Bruder, die große Schwester, Nenn-Onkel und Erbtanten, Lieblingsneffen und Nervcousinen. Sie gehören dazu. Sind ein Teil »seiner« Geschichte, ein Stück »ihres« Lebens. Nicht alle müsst ihr mögen. Aber annehmen müsst ihr sie! Da kommt »er« her. Und »sie«.

Haltet euch eure Verwandten nie vor, wenn ihr streitet. Sagt nie: »Jetzt schaust du genauso beleidigt wie Tante Gertrud.« Oder: »Dein Vater konnte auch nie zuhören!«
Entdeckt aneinander vielmehr die liebenswerten Spuren eurer Familien. Eine Familie kann ein Schatz sein!

5

Meine Freunde, deine Freunde

Vergesst eure alten Freunde nicht! Die Förmchen-Fraktion aus dem Sandkasten, die Formel-Fans aus dem Chemie-Leistungskurs. Die Schnitzel-Jäger aus dem Jugendkreis. All die Zuhörer, Ratgeber, Spaßgefährten und Tränentrockner eures bisherigen Lebens.

Sagt nicht: »Für mich gibt's ab sofort nur noch dich!« Oder, schlimmer noch: »Für dich gibt's ab sofort nur noch mich!« Gönn ihr die beste Freundin. Gönn ihm den alten Sparringspartner. Freunde haben noch jedes Leben reicher gemacht.

Aber sucht euch nun auch gemeinsame Freunde. Freunde tun gut. Seid selber Freunde!

7

Meine Geschichte, deine Geschichte

Wie lernt man einander kennen? Indem man einander erzählt. Mit Händen und Füßen, Fotos und Videos, zerlesenen Büchern und zerknuddelten Teddybären. Nehmt euch Zeit. Immer wieder. »So war das damals.« »Das hat mich begeistert.« »Das hat mich geärgert.« »Das hat Spuren hinterlassen.«

Zeigt einander die Urkunden und die Medaillen eures Lebens. Und die Wunden und Narben. Eure Liebe hält das aus. Eure Liebe braucht das. Hört nicht auf, einander zu fragen: »Warum ist das so bei dir?« Wie ist es dazu gekommen?« Und helft einander dabei, eure Lebensgeschichten ins wärmende und heilende Licht der Liebe Gottes zu stellen.

9

Meine Gaben, deine Gaben

Was »er« kann, kann »sie« noch lange nicht. Was »sie« weiß, ahnt »er« nicht einmal. Jeder hat Gaben, hat Talente, kann irgendetwas ganz besonders gut. Zeigt's einander. Und neidet's einander nicht. Eure Gaben sollen euch beide reich machen.

Aber manchmal machen sie auch einsam. Wenn »er« doch nur ein bisschen mehr gelesen hätte! Wenn »sie« doch nur ein bisschen mehr von Fußball verstehen würde! Wenn »er« doch nur ein bisschen geschickter tanzen würde! Wenn »sie« doch nur ein bisschen mehr technischen Sachverstand hätte! Aber vielleicht wäre das Leben dann einfarbiger.

Ihr dürft einander helfen, die ganze Farbpalette des Lebens zu entdecken!

11

Meine Grenzen, deine Grenzen

Manches kriegt »er« einfach nicht hin. Manches gelingt »ihr« nie. Man kann sich verändern, aber man wird doch nie ein anderer. Man muss sich entwickeln, sich ständig weiter entwickeln – aber eingewickelt bleibt derselbe Kern.

Grenzen erkennen und annehmen – damit hat jeder allein schon genug zu tun. Aber die Grenzen des Partners akzeptieren – das ist eine zusätzliche Herausforderung. Der Traummann ist halt doch »nur« ein Mann. Die Traumfrau »nur« eine Frau.

Aber in diesen Grenzen gibt es reichlich zu entdecken und zu entwickeln. Dafür reicht ein Leben kaum aus. Fangt an! Und hört nie auf!

13

Meine Träume, deine Träume

Sie: ein Reihenhaus am Stadtrand, ab und zu ein Faulenzer-Urlaub am Strand, erst mal keine Kinder, Erfolg im Beruf.

Er: eine Altbauwohnung in der City, ein Cabrio, Klettertouren in den Alpen, ganz schnell vier Kinder.

Wovon träumt ihr?

Teilt eure Träume. Auch die intimen. Sprecht sie aus. Macht einander die Träume nicht lächerlich. Überlegt: Was spricht dafür, was dagegen? Was geht, was geht nicht? Lasst euch auf die Träume des anderen ein. Spinnt gemeinsame Pläne, träumt neue Träume. Fragt nach Gottes Träumen. Und macht euch auf den Weg. Miteinander und mit ihm.

15

Mein Lebensstil, dein Lebensstil

Gemeinsam leben ist nicht leicht. Vor allem dann nicht, wenn man älter als sieben ist. Sieben? Ja, denn dann, so sagen Entwicklungspsychologen, ist eine Persönlichkeit weitgehend festgelegt. Etwas später gilt das auch für den Lebensstil. Langschläfer werden dann selten noch zu Frühaufstehern. Chaoten selten noch zu Ordnungsfanatikern. Geizhälse selten noch zu Verschwendern.

Ihr seid älter als sieben. Also braucht ihr Geduld miteinander. Viel Geduld. Und fangt gar nicht erst an, einander erziehen zu wollen. Das bringt wenig. Außer Krach. Ihr seid älter als sieben … Nehmt einander an. Auch euren Lebensstil. Und nehmt Rücksicht aufeinander. Auch das ist Liebe!

17

Meine Bedürfnisse, deine Bedürfnisse

Wenn ihr eine Kontaktanzeige aufgegeben hättet, wie hättet ihr da eure Bedürfnisse formuliert? Was braucht ihr? Was erwartet ihr voneinander?

»Sie« braucht vielleicht vor allem Geborgenheit. Geregelte Verhältnisse. Sie muss wissen, woran sie ist. »Er« braucht vielleicht vor allem Freiheit, die stete Herausforderung. Er legt sich ungern fest. Männer und Frauen haben manchmal ganz unterschiedliche Bedürfnisse.

Was braucht ihr? Was braucht eure Seele, der Geist, der Körper? Wie ist das mit der Zärtlichkeit? Wie ist das mit der Sexualität? »Er« ahnt manchmal nicht, was »sie« braucht. Und umgekehrt. Darum verlasst euch nicht auf Ahnungen. Redet drüber!

19

Mein Gott, dein Gott

Ihr glaubt. Ihr lest in der Bibel. Ihr seid zu beneiden. Aber Vorsicht! Ihr glaubt vielleicht trotzdem nicht an denselben Gott. Erzählt einander, wie ihr ihn kennen gelernt habt. Wann. Und wo. Und wie die Menschen waren, die euch Gott nahe gebracht haben. Warum habt ihr beschlossen, an ihn zu glauben? Was hat euch überzeugt?

Wart und seid ihr begeistert von seiner Freundlichkeit? Oder hattet ihr Angst vor seinem Zorn? Wart und seid ihr davon begeistert, dass Jesus für euch gestorben und auferstanden ist? Oder hattet und habt ihr vor allem Angst, ohne ihn verloren zu gehen?

An welchen Gott glaubt ihr? Und warum?

21

Wer ist Gott für euch? Vor allem der liebende Vater, in dessen Arme ihr immer wieder flüchten könnt? Der liebende Freund an eurer Seite? Oder vor allem der unbestechliche Richter, der aufpasst, dass euer Leben seinen Maßstäben genügt?

Wie euer Bild von Gott ist, so ist auch euer Glaube. Erzählt einander. Lest miteinander in der Bibel. Sprecht mit anderen Christen. Und entdeckt nach und nach, dass jedes Bild von Gott Stückwerk ist. Wie ein Teil von einem Puzzle mit unendlich vielen Teilen.

Gott ist größer als jedes unserer Bilder von ihm.

Aber zwei Puzzleteile zusammen sind schon mehr als eins.

23

Meine Rolle, deine Rolle

Ein kluger Mensch hat einmal gesagt, in jeder Beziehung gebe es Rosen und Gärtner. Der eine blüht, der andere gießt. Der eine strahlt, der andere schafft. Der eine pflegt, der andere lässt sich pflegen.

Häufig ist einer die Rose, der andere der Gärtner. Manchmal aber finden sich zwei Rosen. Oder zwei Gärtner. Zwei Gärtner in einer Beziehung, das ginge auch. Zwei Rosen jedoch, das würde anstrengend.

Wer von euch ist die Rose? Wer ist der Gärtner? Oder seid ihr beide Rosen? Beide Gärtner? Findet eure Rollen. Sagt Ja zu euren Rollen. Aber tauscht von Zeit zu Zeit. Jeder Gärtner darf mal Rose sein! Und jede Rose muss mal Gärtner sein!

Meine Einsamkeit, deine Einsamkeit

Manchmal werdet ihr's sagen, seufzen, stöhnen: »Du verstehst mich einfach nicht!« Wenn das aber auch so einfach wäre!

Der Schriftsteller Manfred Hausmann schreibt in einem zarten Liebesgedicht: »Ach, immer bleibt das Innerste allein …«

Es ist einfach so: Die innersten Gedanken und Gefühle kennt nur jeder selbst so ganz genau.

Weiß sie wirklich, was ihn bedrückt und wie sich das anfühlt? Weiß er wirklich, wonach sie sich sehnt und wie sich das anfühlt? Weiß sie, was Druck und Stress in seinem Betrieb mit ihm machen? Weiß er, wie sich das anfühlt, wenn ein Kind in ihr wächst?

»Ach, immer bleibt das Innerste allein …«

Manfred Hausmanns Gedicht schließt mit dem Wunsch: »Lass uns barmherzig miteinander sein.«

Barmherzig miteinander sein – das heißt: einander mit Liebe anschauen, einander mit Liebe zuhören, einander tragen und stützen und helfen. Und aushalten, dass Menschen füreinander auch immer ein Geheimnis bleiben.

Doch dieses Geheimnis hält eine Beziehung jung und lebendig, es hält die Liebe wach. Niemand zerstört es ungestraft.

Wenn einer meint, nun kenne er den Partner, habe ihn endgültig durchschaut, dann ist das das Ende der Liebe.

Wirkliche Liebe hört nie auf zu staunen.

Meine Marotten, deine Marotten

Am Anfang findet sie seine Marotten liebenswert. Und er ihre. Aber nach ein paar Jahren gehen ihr dieselben Marotten mächtig auf die Nerven. Und ihm ihre. Und immer häufiger beginnen Auseinandersetzungen mit den Worten: »Musst du eigentlich immer …?«

Muss er eigentlich immer? Muss sie eigentlich immer? Kann man Marotten ablegen? Man kann. Aus Liebe.

Macht ein Abkommen. Versprecht einander: Wenn du versuchst, dir diese Marotte abzugewöhnen, versuche ich, mir diese andere Marotte abzugewöhnen. Macht ein Spiel draus. Ohne verbissenen Ernst. Wer gewinnt, darf sich vom anderen zu einem festlichen Abendessen beim Italiener einladen lassen.

31

Meine Ängste, deine Ängste

Menschen haben Angst. Hatten immer schon Angst. Vor Mäusen und Menschen, Kriegen und Katastrophen, Alter und Arbeitslosigkeit. Menschen haben Angst. Auch Männer! Obwohl die das kaum zugeben. Weil sie meinen, Angst und Männlichkeit passten nicht zueinander?

Dabei kann er nachts manchmal nicht schlafen. Weil der Betrieb schon wieder den Besitzer wechselt und er nicht weiß, ob er auch künftig dazugehört.

Menschen dürfen Angst haben. Auch Männer. Sprecht über eure Ängste. Steht einander bei. Gebt einander Halt. Und erinnert einander an die leise Stimme des Mannes aus Nazareth: »In der Welt habt ihr Angst. Aber seid getrost, ich habe die Welt überwunden.«

33

Unsere Ziele

Manches Paar hat ein Leitmotiv, manche Familie einen Familienspruch. Lebensziele in einer Nussschale. Der Trauspruch kann so ein Motiv sein. Zum Beispiel: »…damit wir etwas seien zum Lob seiner Herrlichkeit.« (Epheser 1,12)

Dafür lohnt es sich zu leben: Gott loben. In guten und in schlechten Tagen. Nicht nur mit Worten. Mit dem ganzen Leben. Andere auf Gott verweisen. Auf seine Größe, seine Schönheit, seine Treue.

Ziele weisen die Richtung. Ziele bewahren davor, sich zu verlaufen.

Formuliert das Ziel eurer Beziehung. Schreibt es auf und nehmt es immer wieder zur Hand.

35

Unser Weg

Weit
Mancher Weg ist weit
Das Ziel liegt hinterm Horizont
Zeit
Mancher Weg braucht Zeit
Ihr ahnt jedoch, dass er sich lohnt

Neues Land, weites Land
Auch durch Sand und Staub kommt ihr hin
Weitersehn, weitergehn
Ziele geben Wegen den Sinn

37

Weit

Mancher Weg ist weit
Doch nie geht ihr ihn ganz allein
Zeit
Mancher Weg braucht Zeit
Doch Gott will euer Gefährte sein

Liebe trägt jeden Schritt
Ihr lernt laufen, leben, vertraun
Jeden Schritt geht er mit
Und führt euch vom Glauben zum Schaun

39

Bildnachweis:
Umschlag: T. Schneiders
S. 5: H. Baumann; S. 7: Ch. Palma; S. 9: Bildagentur Dr. G. Wagner; S 11: H. Baumann, S. 13: W. Rauch; S. 15: H. Janssen, S. 17: Aberham/IFA-Bilderteam; S. 19: Hurlebaus/E. Geduldig; S. 21: W. Rauch; S. 23: H. Baumann; S. 25: F. Mader; S. 27: G. Gölz; S. 29: H. Baumann; S. 31: N. Kustos; S. 33: W. H. Müller; S. 35: M. Schneiders; S. 37: D. Epple/G. Eppinger; S. 39: Bertsch/Huber

Die Deutsche Bibliothek – CIP-Einheitsaufnahme

Bestell-Nr. 05 702
© 2002 by Verlag der St.-Johannis-Druckerei; Lahr
Gestaltung (Umschlag und Innenteil): Friedbert Baumann
Gesamtherstellung: St.-Johannis-Druckerei, Lahr/Schwarzwald
Printed in Germany 15081/2002
www.johannis-verlag.de